Cómo crece una tortuga

por
Pam Zollman

Children's Press®
An Imprint of Scholastic Inc.
New York Toronto London Auckland Sydney
Mexico City New Delhi Hong Kong
Danbury, Connecticut

Consultant:
Dr. Dale Madison
Professor, Binghamton University
Binghamton, New York

Curriculum Specialist: Linda Bullock
Reading Specialist: Don Curry

Special thanks to the Kansas City Zoo and Omaha's Henry Doorly Zoo

Photo Credits:

Photographs © 2005: Animals Animals: 21 top right (Patricia Caulfield), 16 (George H. Huey), 23 top left (Marie Read), 23 bottom left (Viola's Photo Visions, Inc.); Brian Kenney: 6; Corbis Images: 5 bottom right, 9 top (Darrell Gulin), cover center inset, 21 bottom left (Kevin Schafer), 23 bottom right (Chase Swift), cover right inset, 2, 20 right center, 21 top left (Kennan Ward), 23 top right (Lawson Wood); Dembinsky Photo Assoc.: back cover (Jesse Cancelmo), 4 bottom left, 5 top, 7, 14, 15 (A. B. Sheldon); Minden Pictures: 1, 13, 18, 21 center right (Frans Lanting), 17 (Mike Parry), cover background (Norbert Wu); National Geographic Image Collection: 11 (Brian J. Skerry), 4 top, 12 (Steve Winter), cover left inset, 20 bottom right (Reinhard Dirscherl/Bilderberg), 19, 20 top left (Rudiger Lehnen), 20 center left (Alexis Rosenfeld); Visuals Unlimited/Ken Lucas: 4 bottom right, 5 bottom left, 9 bottom.

Book Design: Simonsays Design!

Library of Congress Cataloging-in-Publication Data

Zollman, Pam.
  [Turtle hatchling grows up. Spanish]
  Cómo crece una tortuga / por Pam Zollman.
    p. cm. — (Scholastic news nonfiction readers en español)
    Includes bibliographical references and index.
    ISBN-13: 978-0-531-20711-6 (lib. bdg.)   978-0-531-20645-4 (pbk.)
    ISBN-10: 0-531-20711-0 (lib. bdg.)   0-531-20645-9 (pbk.)
  1. Turtles—Development—Juvenile literature. I. Title.
  QL666.C5Z6518 2008
  597.92'139—dc22
                                        2007050260

CONTENIDO

Caza de palabras

Busca estas palabras mientras lees. Aparecerán en **negrita.**

huevo

tortuguita

caparazón

diamante

romper el cascarón

tortuga terrestre

tortuga acuática

Tortuguitas

¿Has visto alguna vez una tortuguita?

Las **tortuguitas terrestres** y las **acuáticas** se parecen.

tortuguita

Esta tortuguita está saliendo del huevo.

Hay tortugas acuáticas y tortugas terrestres.

Las tortugas terrestres viven en la tierra y tienen un caparazón redondo.

Las tortugas acuáticas viven en el agua y tienen un caparazón plano.

El caparazón de esta tortuga acuática es plano.

El caparazón de esta tortuga terrestre es redondo.

caparazón

caparazón

Las tortugas marinas pasan la mayor parte del tiempo en el agua.

Las hembras nadan hasta la misma playa todos los años.

Van a las playas para poner los huevos.

¡Mira cómo nada esta
tortuga marina!

La tortuga hembra cava un hueco en la arena.

Pone los **huevos** en el hueco.

Cubre los huevos con arena.

Entonces, regresa al mar.

huevos

Esta tortuga marina cava un hueco en la arena para poner los huevos.

Las tortuguitas **rompen el cascarón** después de varios meses.

Los tortuguitas tienen un abultamiento llamado **diamante**.

Las tortuguitas usan el diamante para romper el cascarón blando de los huevos.

Después salen.

diamante

¡Mira! Esta tortuguita usa el diamante para romper el huevo.

Las tortuguitas marinas van al mar.

Comen medusas.

Las tortuguitas terrestres permanecen en la tierra.

Comen hierbas y plantas.

tortuguita terrestre

Estas tortuguitas marinas se dirigen al mar.

Cuando nacen, las tortuguitas se parecen a sus padres.

Sólo que son pequeñitas.

Les toma muchos años crecer.

tortuguita marina
recién nacida

Ésta es una tortuga
marina adulta.

Cómo crece una tortuga marina

1 ·····

La
madre
nada hasta
la playa.

2 ···

Cava un hueco
en la arena y pone
los huevos.

3 ····

Cubre los huevos con
arena.

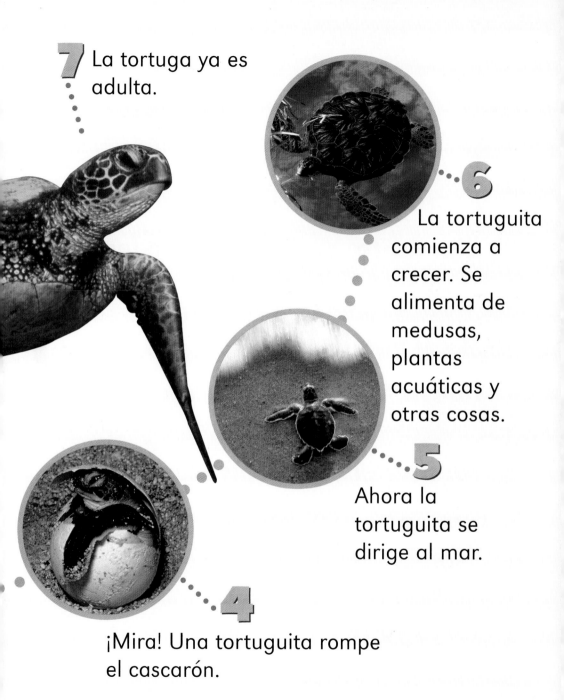

7 La tortuga ya es adulta.

6 La tortuguita comienza a crecer. Se alimenta de medusas, plantas acuáticas y otras cosas.

5 Ahora la tortuguita se dirige al mar.

4 ¡Mira! Una tortuguita rompe el cascarón.

21

Nuevas palabras

caparazón cubierta dura que protege a algunos animales

diamante abultamiento en forma de pico que utilizan las tortuguitas para romper el cascarón y salir del huevo

huevo cuerpo redondo u ovalado donde se desarrolla el embrión

romper el cascarón salir del huevo

tortuga reptil acuático o terrreste con el cuerpo cubierto de un caparazón

tortuguita cría de las tortugas

¡Estos animales también tienen corazas protectoras!

armadillo

cangrejo ermitaño

vieira

caracol

ÍNDICE

UN POCO MÁS

Libro:

See Through: Reptiles, by Steve Parker (Running Press Kids, 2003)

Página web:

http://www.tortoise-tracks.org/gopherus/lifecycle.html

SOBRE LA AUTORA:

Pam Zollman es una autora que ha sido premiada por sus cuentos, artículos y libros para niños. Es la autora de otros libros de la serie Ciclos de vida de *Scholastic News Nonfiction Readers*. Vive en un área rural de Pensilvania. Una vez tuvo una tortuga de mascota.